CB067919

pintando o SETE

caulos

A viagem de Rousseau

ROCCO
JOVENS LEITORES

Copyright © 2017 *by* Caulos

Direitos desta edição reservados à
EDITORA ROCCO LTDA.
Av. Presidente Wilson, 231 – 8º andar
20030-021 – Rio de Janeiro, RJ
Tel.: (21) 3525-2000 – Fax: (21) 3525-2001
rocco@rocco.com.br
www.rocco.com.br

Printed in Brazil/Impresso no Brasil

CIP-Brasil. Catalogação na fonte.
Sindicato Nacional dos Editores de Livros, RJ.

C362v   Caulos

A viagem de Rousseau / Texto e ilustração de Caulos.
Rio de Janeiro: Rocco Jovens Leitores, 2017.
il. – Primeira edição (Pintando o sete; 7)
ISBN 978-85-7980-326-0

1. Arte – História – Literatura infantojuvenil.
2. Literatura infantojuvenil brasileira.
I. Caulos (ilustrador). II. Título. III. Série

16-37310   CDD: 028.5   CDU: 087.5

O texto deste livro obedece às normas do
Acordo Ortográfico da Língua Portuguesa.

Impresso na Gráfica Stamppa Ltda. – Rio de Janeiro – RJ.

caulos
A viagem de Rousseau

Henri Julien Félix Rousseau trabalhava na alfândega de Paris.
O sal, o vinho, o leite e os cereais pagavam caros impostos,
e Rousseau fiscalizava, nos portões da cidade,
a entrada e a saída daquelas mercadorias.

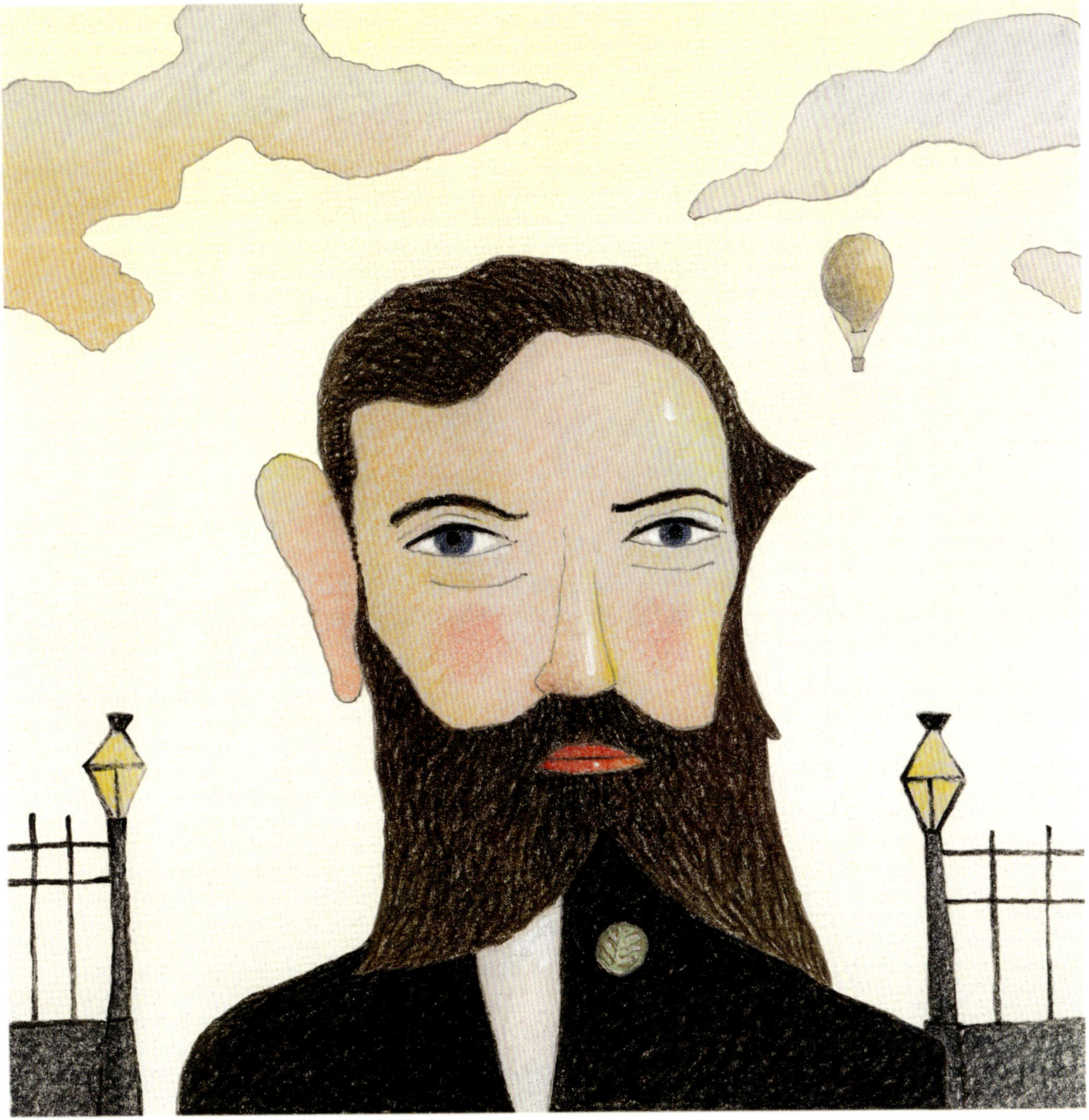

8

Nas horas vagas ele pintava.

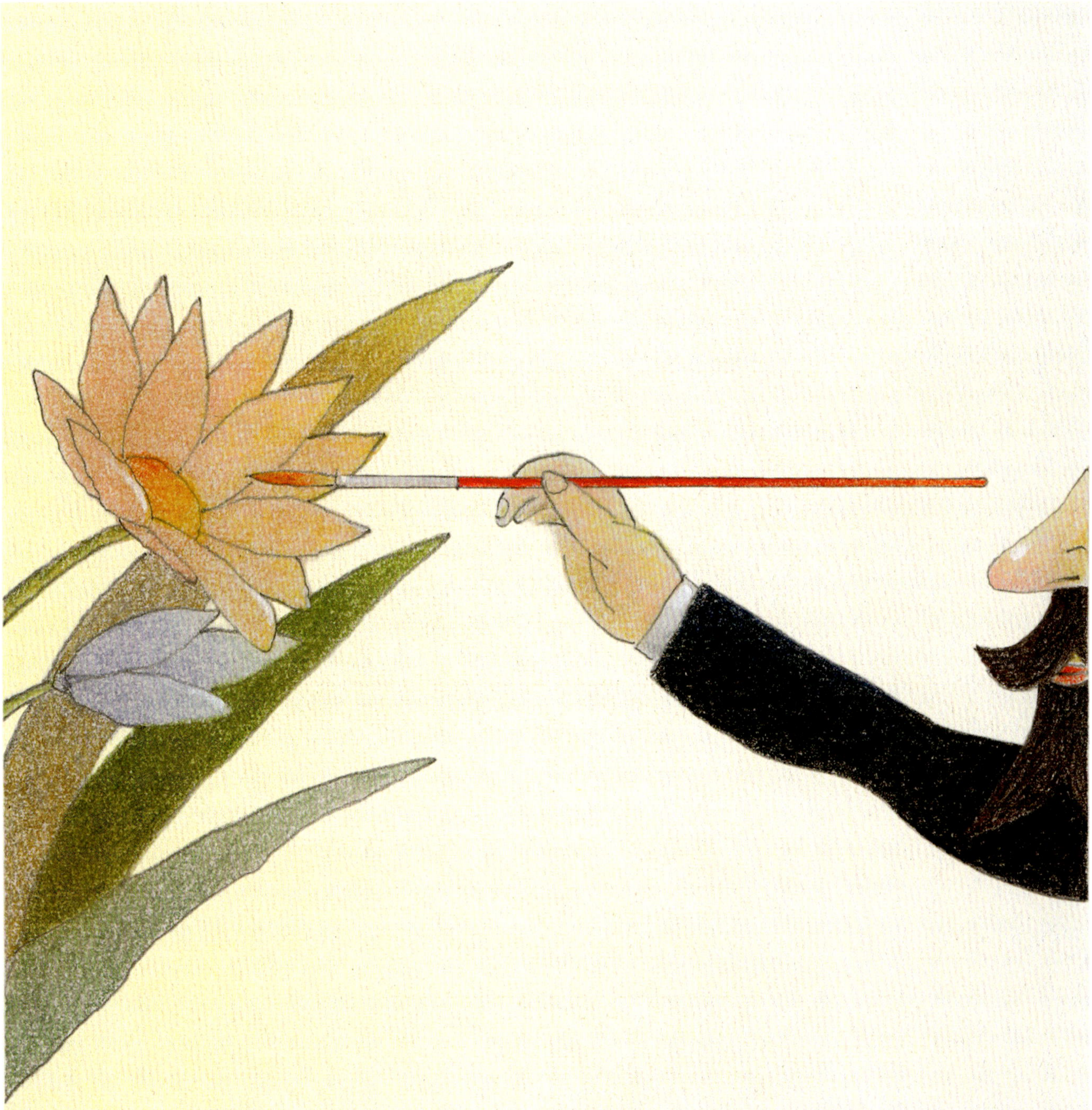

10

Alguns colegas diziam que seus superiores eram camaradas
e somente lhe davam tarefas fáceis,
para que ele tivesse mais tempo para pintar.
Outros diziam que não era nada disso, diziam que Rousseau não era
capaz para tarefas mais difíceis.

O certo é que ele nunca chegou a *Douanier*, fiscal da alfândega,
foi apenas um *Gabelou*, um cargo menos importante.
Mas o futuro lhe faria justiça e, na história da arte,
ele ficaria conhecido como
"Douanier Rousseau".

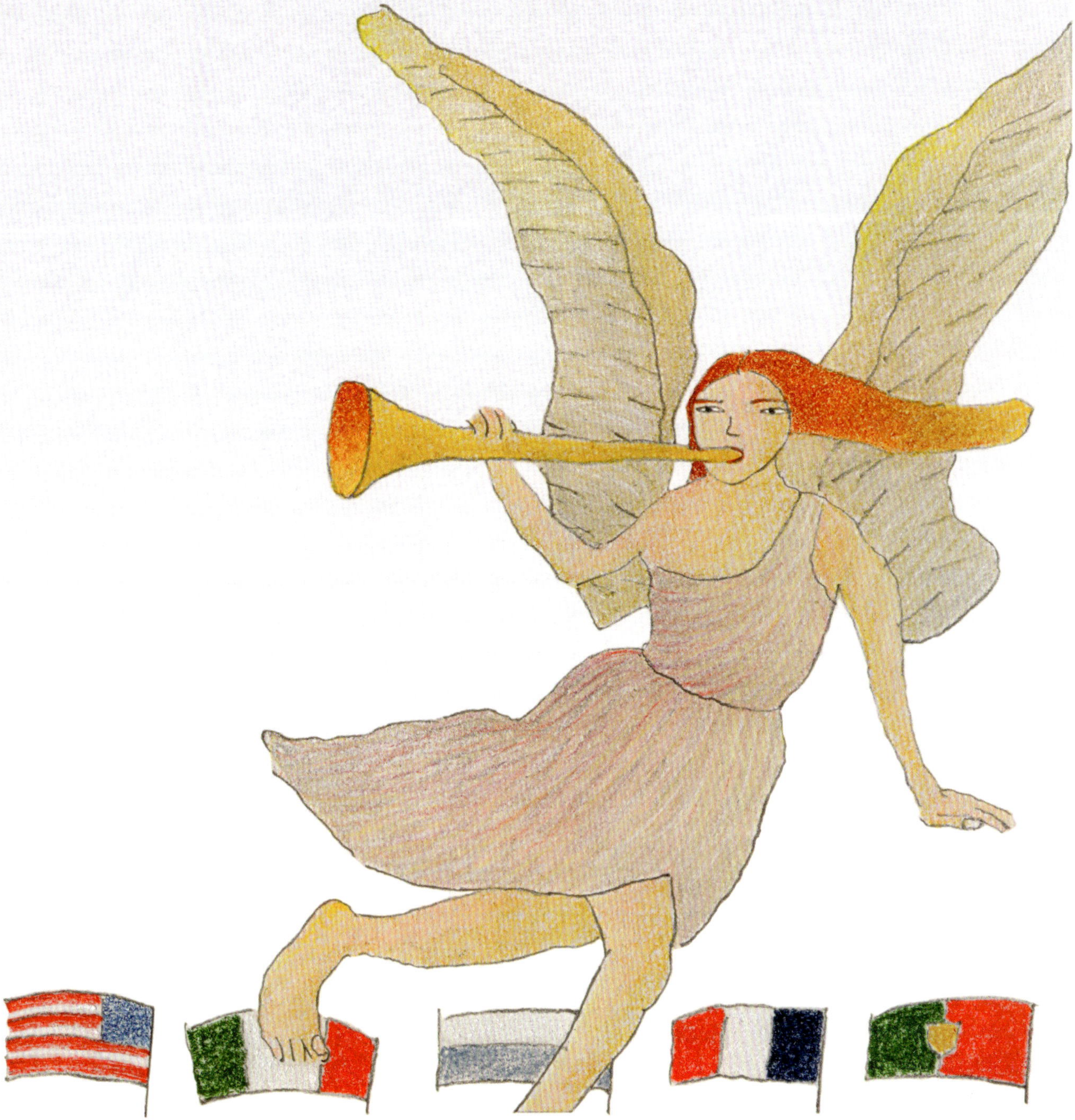

Quando se aposentou e podia pintar o tempo todo,
Henry Rousseau inventou o "retrato paisagem", que é assim:
o personagem aparece no cenário em que ele vive.

O sapateiro na frente da sapataria,
o padeiro na frente da padaria
e o dono da fábrica na frente das chaminés com o seu gato,
quando ele tem um.

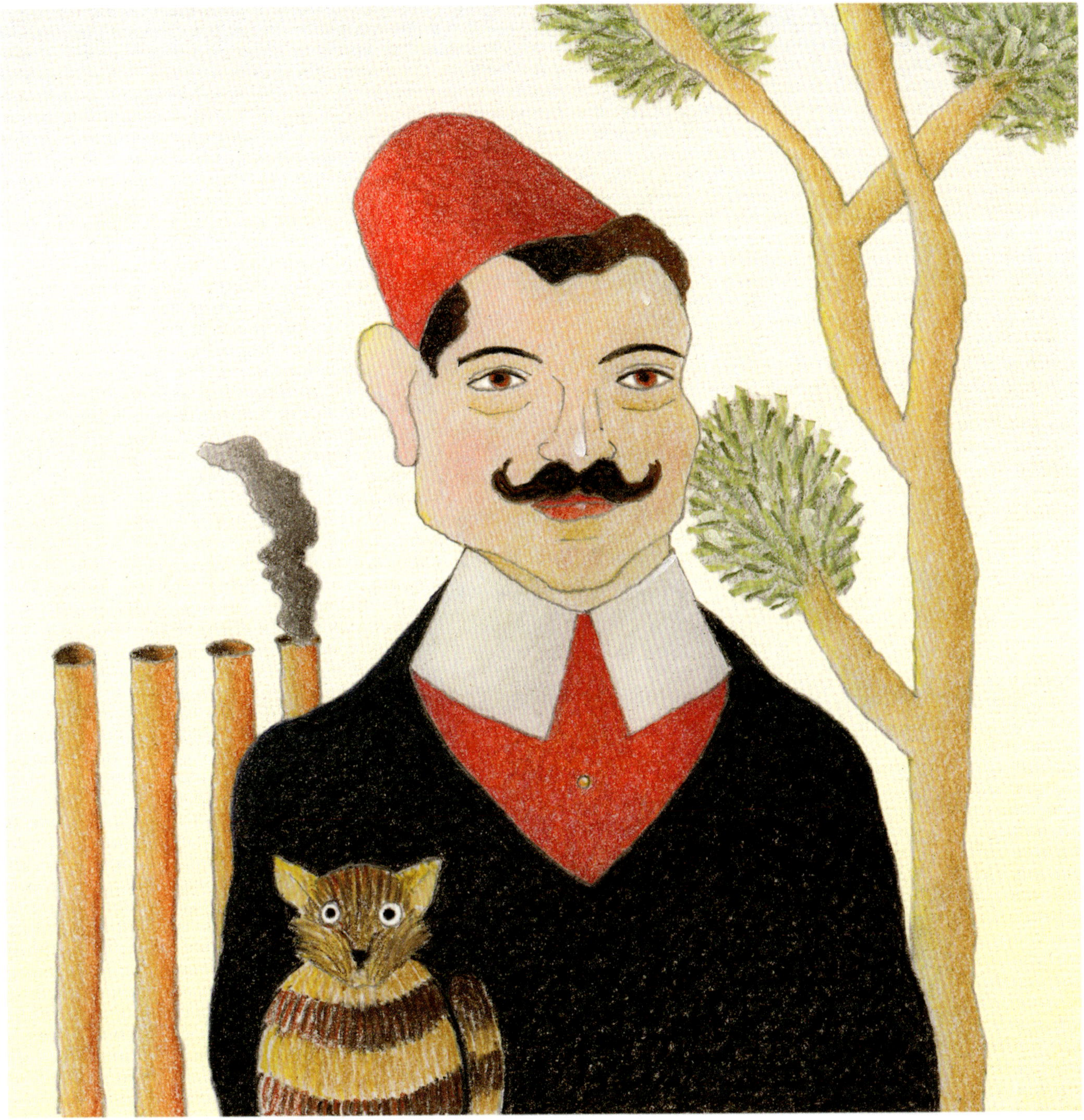

No seu autorretrato paisagem, o pintor aparece como um gigante
na frente do rio Sena segurando sua paleta
e usando um boné, como os grandes pintores usavam.
Rousseau sabia que era um grande pintor.

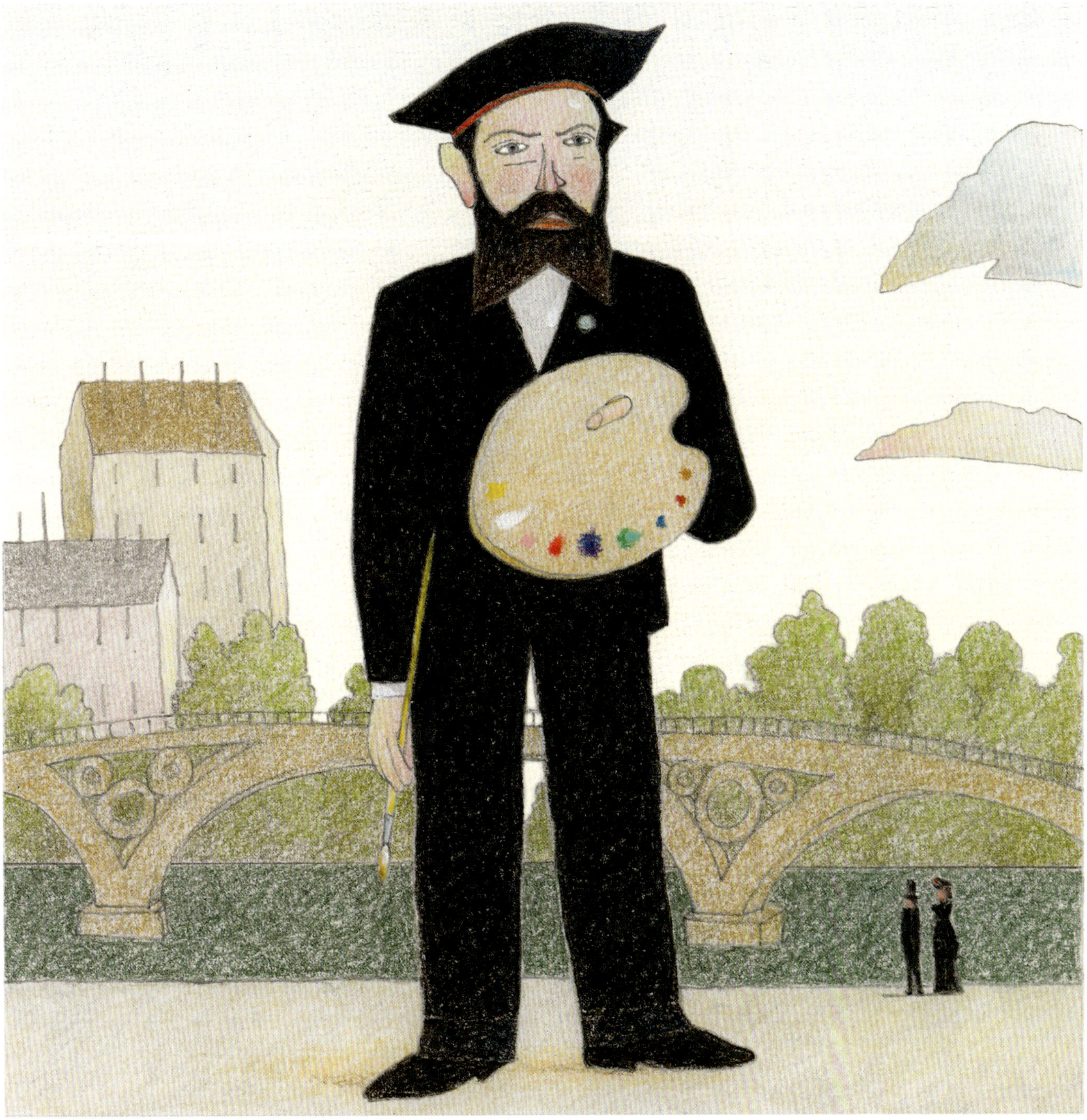

16

Ele pintou o retrato paisagem
do poeta Apolinaire, que era seu amigo,
ao lado de Marie Laurencin,
sua musa inspiradora.
Os dois aparecem no meio de uma floresta
inventada pelo pintor.

Marie Laurencin não gostou do retrato.
"Sou magra", ela disse.
Rousseau respondeu:
"Apolinaire é um grande poeta,
precisa de uma musa mais forte."

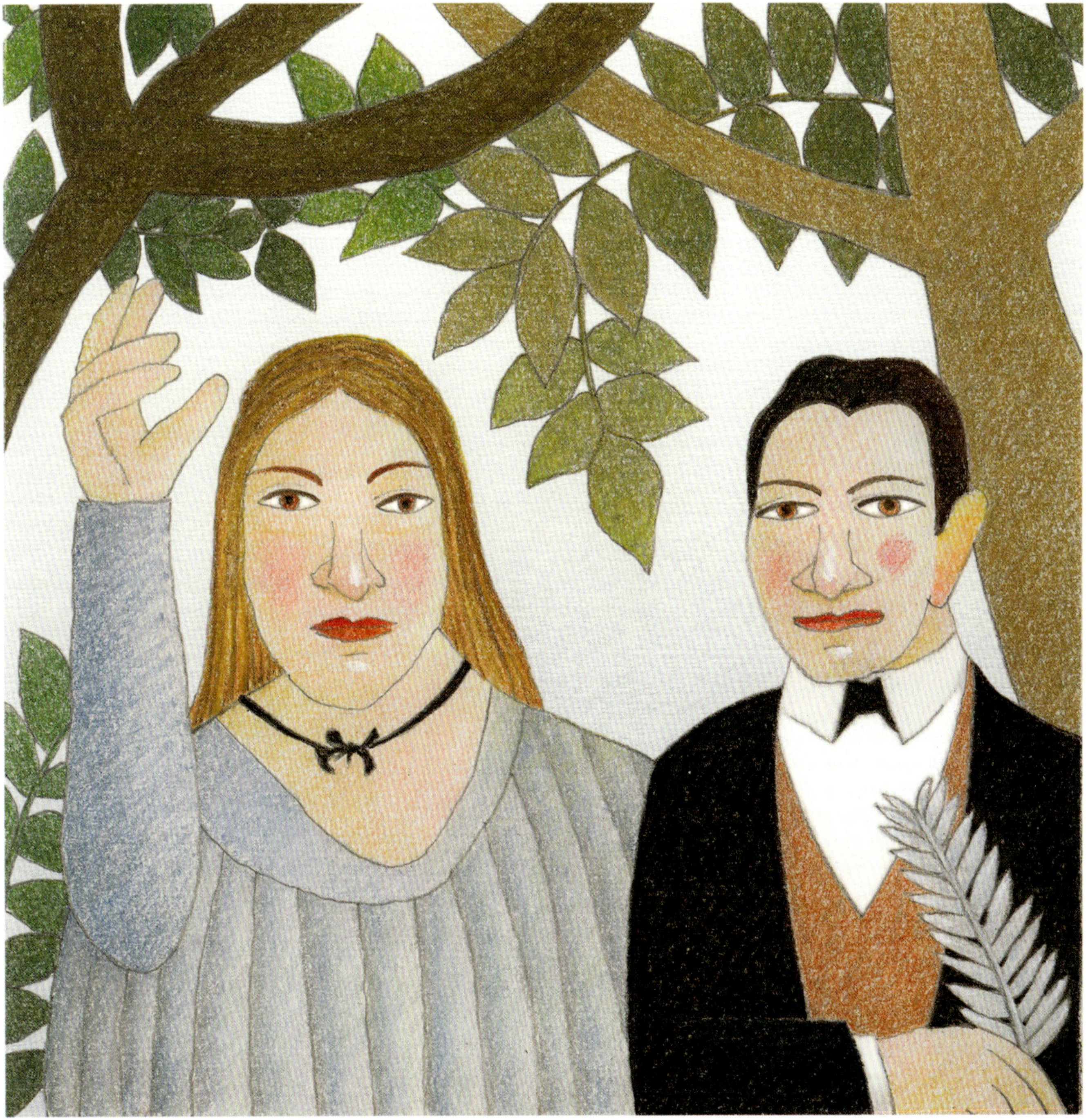

18

O Douanier via o mundo à sua maneira,
como fazem os grandes pintores.

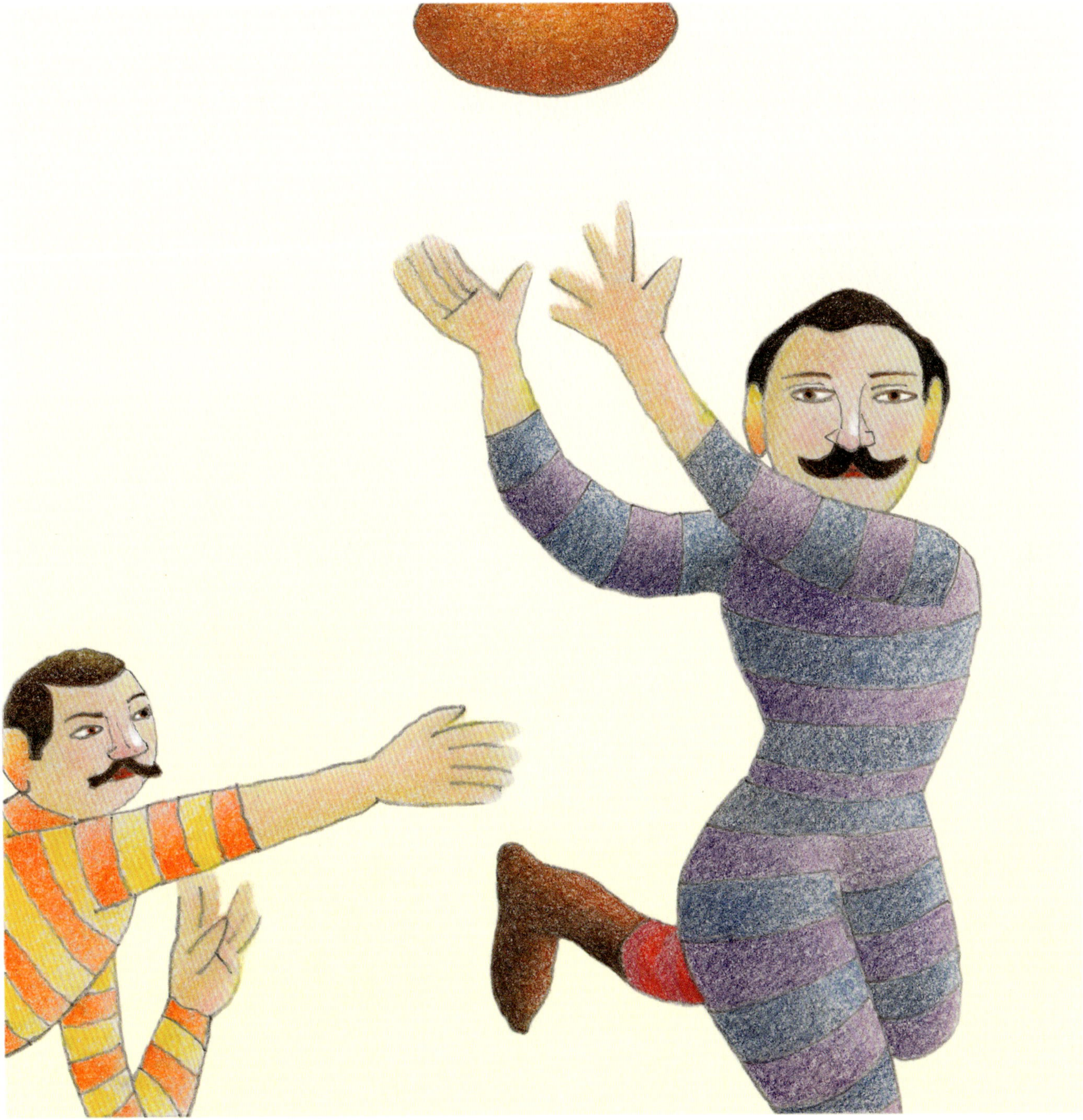

Rousseau contava que, quando serviu no exército, foi até o México.

Visitou suas florestas exóticas,
por isto pintava aquelas plantas tão estranhas para os franceses.
A verdade é que ele nunca saiu de Paris.

22

Henri sonhava no sofá da sua sala
no meio de uma selva tropical...

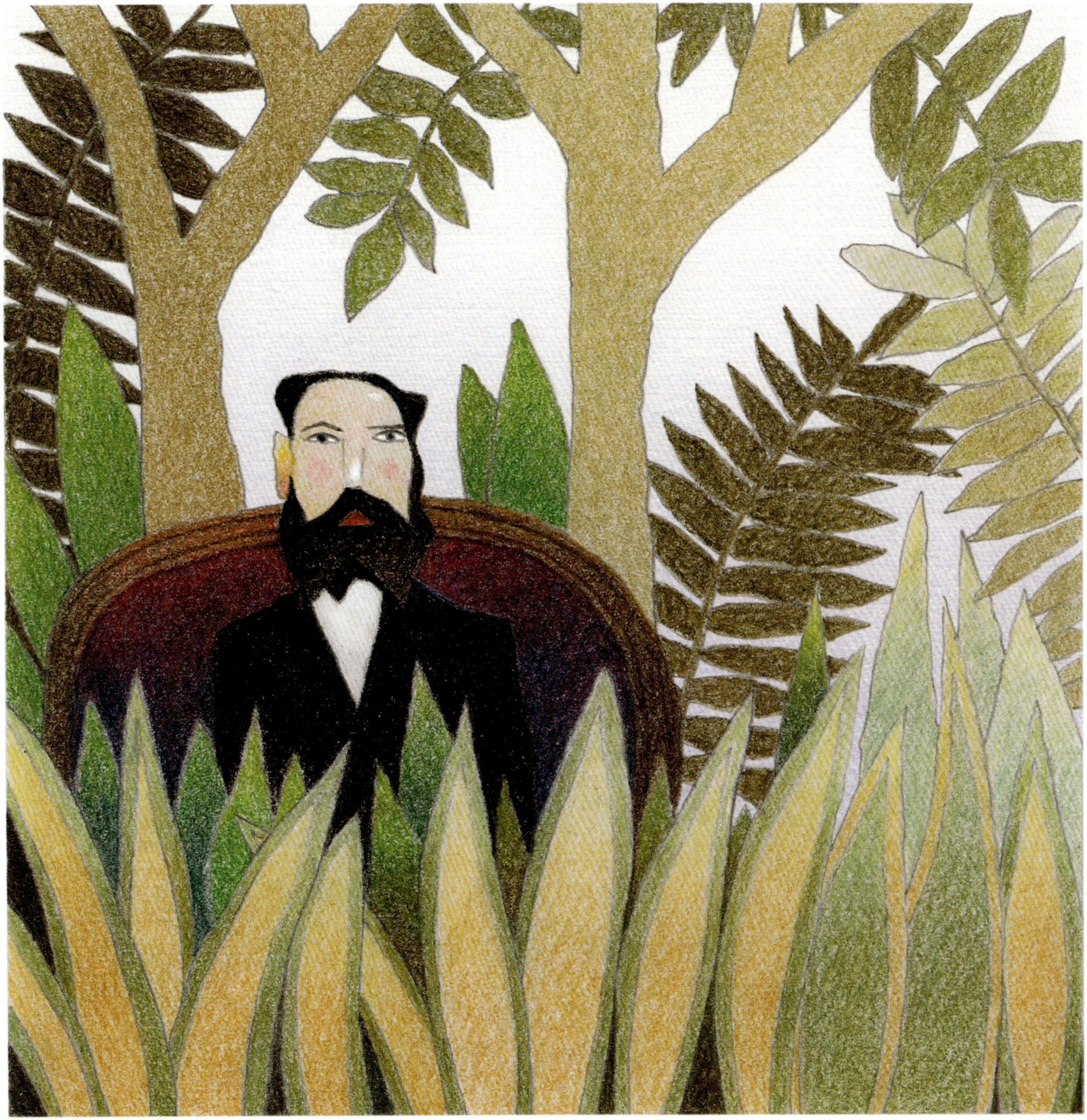

... cercado de frutas
e flores inventadas...

... cobras, pássaros de todas as cores e animais selvagens.

Sonhava com um mundo povoado pelos retratos que pintava
dos amigos e das amigas,
de quem media cuidadosamente
a distância entre os olhos, o tamanho das orelhas,
o comprimento e a largura do rosto.

O resultado eram figuras muito diferentes...

... como o tocador de flauta,

a encantadora de serpentes...

30

... ou a cigana adormecida no deserto,
todos personagens inventados.

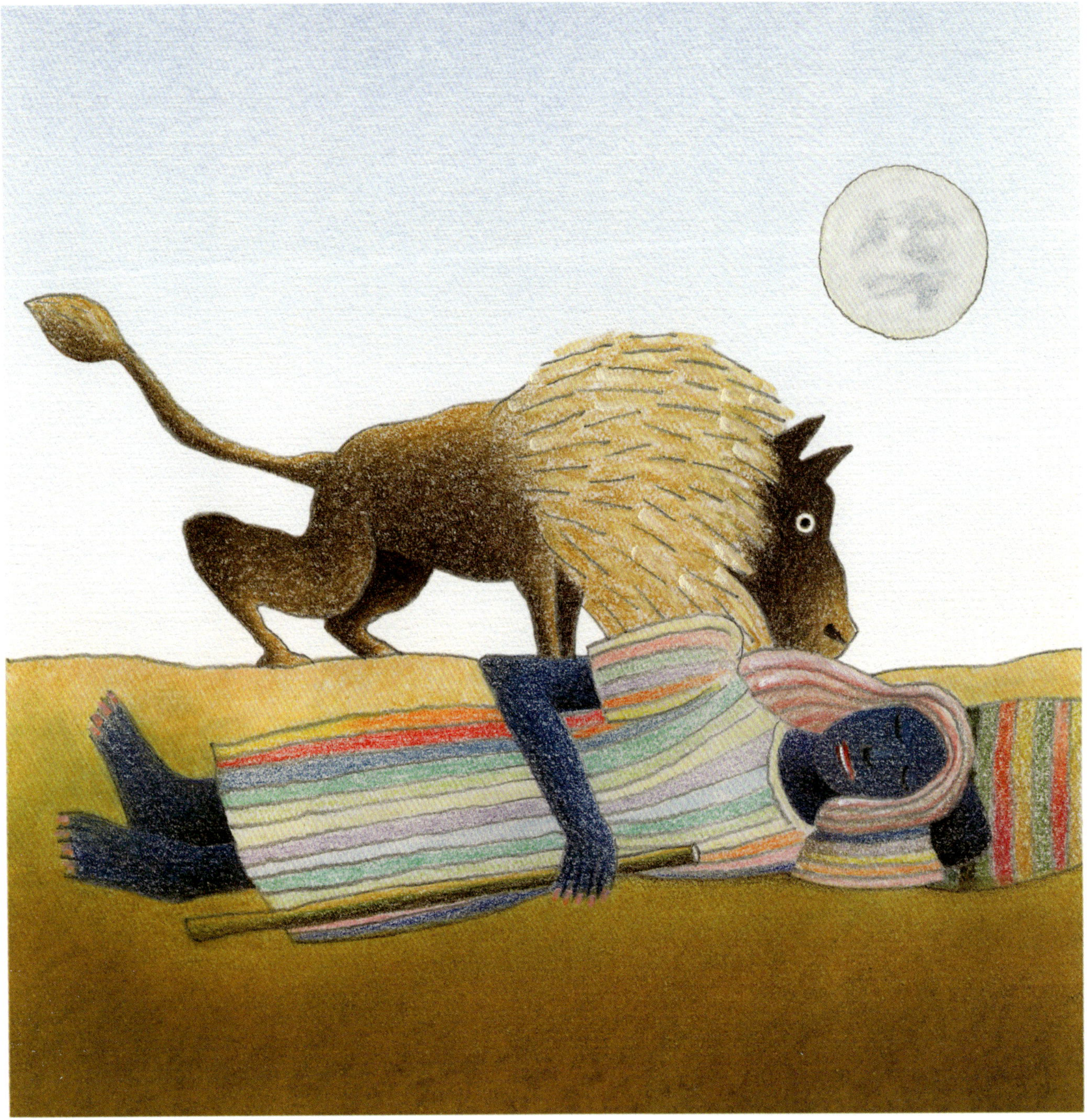

Personagens de um reino misterioso que somente existia na imaginação de Henri Rousseau, o Douanier.

Um reino que faz o nosso mundo
muito mais bonito.

Fim.

Este livro é dedicado à *Vanda Viveiros de Castro* e a todos os jornalistas que tentam, com seu ofício, melhorar o mundo.

Henri Rousseau (1844-1910)

Nascido em Laval, no noroeste da França, na metade do século 19, suas pinturas nos surpreendem pelo meticuloso acabamento, pelo colorido exuberante e, principalmente, pela fantasia e absoluta liberdade.
Rousseau é frequentemente chamado de "primitivo", "ingênuo"(naïf). Talvez ele possa ser classificado de primitivo por ter aprendido a pintar sozinho, ingênuo nem tanto, porque vivia em Paris e visitava o museu do Louvre.
Picasso era um grande admirador da liberdade do Douanier e tinha na sua coleção algumas pinturas do artista, que um dia lhe disse: "Picasso, eu e você somos os dois maiores pintores vivos, eu no estilo clássico, você no estilo egípcio."

Os desenhos que ilustram este livro (pastel e lápis de cor sobre papel) são baseados nas pinturas originais de Henri Rousseau.

Capa, *O navio na tempestade*, depois de 1896 (óleo sobre tela 54 x 65 cm). Musée de l'Orangerie, Paris
Página 1, *Os flamingos*, 1907 (óleo sobre tela 114 x 163 cm). Coleção particular
Página 11, *A liberdade convidando os artistas para participarem da 22ª exposição da Sociedade dos Artistas Independentes*, 1906 (óleo sobre tela 175 x 118 cm). Museu Nacional de Arte Moderna, Tóquio
Página 13, *Retrato de Pierre Loti*, 1905-1906 (óleo sobre tela 61 x 50 cm). Kunsthaus, Zurique
Página 15, *Autorretrato paisagem*, 1890 (óleo sobre tela 143 x 110 cm). National Gallery, Praga
Página 17, *O poeta e sua musa*, 1909 (óleo sobre tela 146 x 97 cm). Museu de Arte da Basileia
Página 19, *Os jogadores de bola*, 1908 (óleo sobre tela 100 x 80 cm). Museu Solomon R. Guggenheim, Nova York
Páginas 20, 21, 23, 24, 25 e 28, *O sonho*, 1910 (óleo sobre tela 204 x 298 cm). The Museum of Modern Art, Nova York
Página 27, *Retrato paisagem*, 1895-1897 (óleo sobre tela 198 x 115 cm). Musée d'Orsay, Paris
Páginas 29, *A encantadora de serpentes*, 1907 (óleo sobre tela 169 x 190 cm). Musée d'Orsay, Paris
Página 31, *A cigana adormecida*, 1897 (óleo sobre tela 130 x 201 cm). The Museum of Modern Art, Nova York
Contracapa, *Surpresa!*, 1891 (óleo sobre tela 130 x 162 cm). National Gallery, Londres